Livre De Coloriage Des Dragons Pour Les Enfants

© 2015 par Avon Coloring Books

Tous droits réservés. Aucune partie de cette publication ne peut être copié, reproduit dans n'importe quel format, par aucun procédé, électronique ou autre, sans le consentement préalable du détenteur du droit d'auteur et de l'éditeur de ce livre.

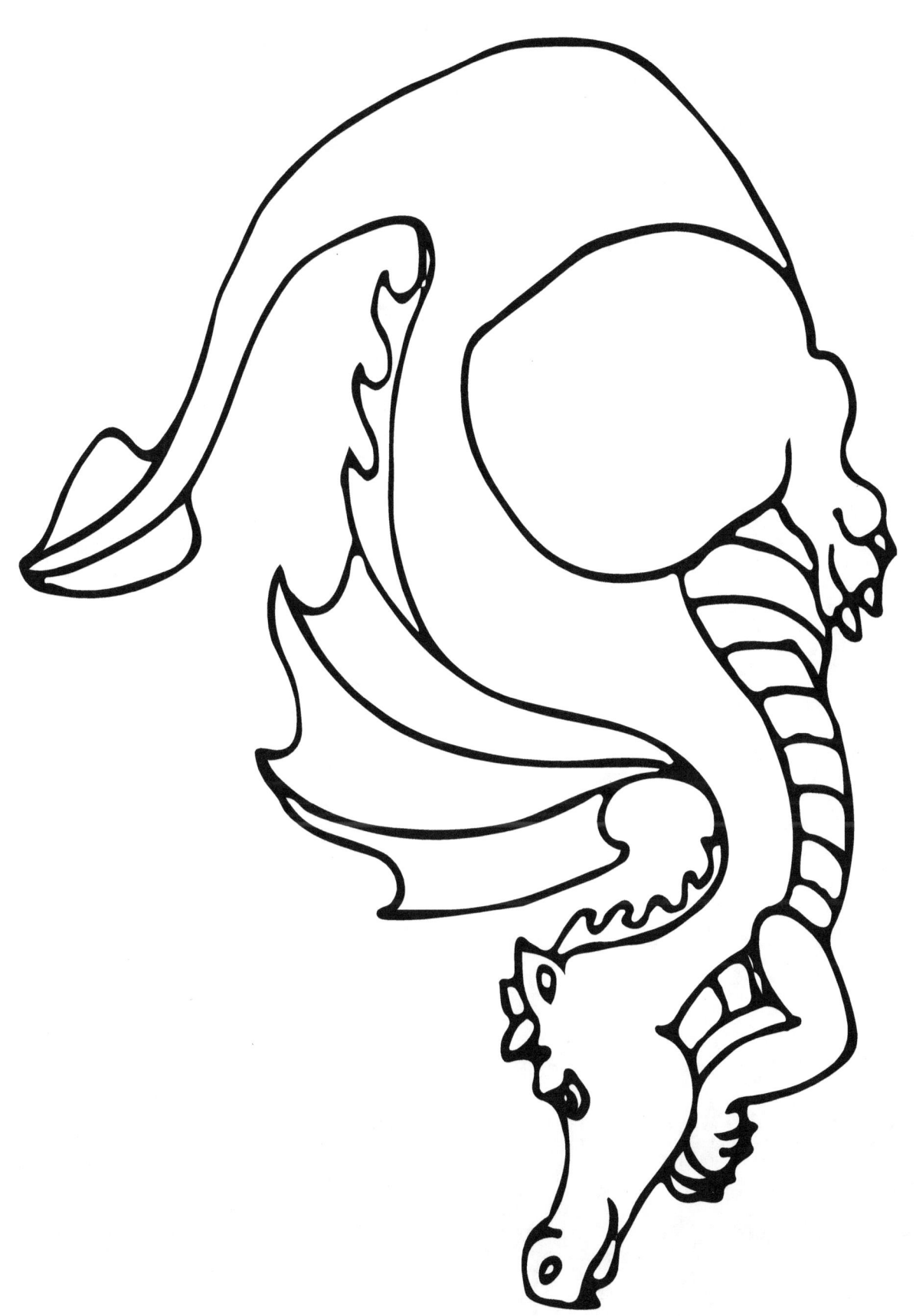